danubebooks

Eine Publikation in Zusammenarbeit mit dem Institut für deutsche Kultur und Geschichte Südosteuropas an der LMU München. Gefördert von der Beauftragten der Bundesregierung für Kultur und Medien.

Institut für deutsche Kultur
und Geschichte Südosteuropas
an der LMU München

Bibliografische Information der Deutschen Nationalbibliothek
Die Deutsche Nationalbibliothek verzeichnet diese Publikation in der Deutschen Nationalbibliografie; detaillierte bibliografische Daten sind im Internet über http://dnb.d-nb.de abrufbar.

Übersetzung	Mark Bielorusets, Kiew; Armenuhi Drost-Abgarjan, Halle/Saale; Yanara Friedland, Bellingham; John Heath, Yorkshire (Vorwort, Nachwort); Nora Iuga, Bukarest; Jurko Prochasko, Lemberg; Anna Rozenfeld, Warschau; Rick Sahar, Wellington; Gábor Schein, Budapest; Ruždija Russo Sejdović, Köln.
Titelmotiv	„Der Morgen“, Sieglinde Bottesch, Ingolstadt
Foto Umschlagrückseite	Adam Czerneńko, Slubice
Gestaltung	www.geller-design.de
Verlag	danube books Verlag e. K., Ulm
Druck und Bindung	DENONA d. o. o., Zagreb

ISBN 978-3-946046-21-9

LOTHAR QUINKENSTEIN

Die Brücke aus Papier

Sprachen der Bukowina

Herausgegeben von Florian Kührer-Wielach

danubebooks

INHALT/CONTENT

Vorwort 6
Editor's Preface 7

Deutsch/German
August 8
Jenseits des Flusses 9
März 10
Briefe 11
Die Brücke aus Papier 13

Armenisch/Armenian
Օգոստոս 14
Գետից այն կողմ 15
Մարտ 16
Նամակներ 17
Թղթե կամուրջը 19

Englisch/English
August 20
Beyond the River 21
March 22
Letters 23
The Bridge of Paper 25

Hebräisch/Hebrew
אוֹגוּסְט 31
מֵעֵבֶר לַנָּהָר 30
מֶרְץ 29
מִכְתָּבִים 28
גֶּשֶׁר הַנְּיָר 26

Jiddisch (Lat.)/Yiddish (Lat.)
oygust 32
oyf yener zayt taykh 33
merts 34
briv 35
di brik fun papir 37

Jiddisch (Heb.)/Yiddish (Heb.)
אויגוסט 43
אויף יענער זײַט טײַך 42
מערץ 41
בריוו 40
רי בריק פֿון פּאַפּיד 38

Polnisch/Polish
Sierpień 44
Po tamtej stronie rzeki 45
Marzec 46
Listy 47
Most z papieru 49

Romanes/Romani
Avgusto 50
Avere rigate e lejako 51
Marto 52

Lila.. 53
E phrud katar o papiri........................... 55

Rumänisch/Romanian
August.. 56
Dincolo de rîu 57
Martie.. 58
Scrisori..59
Podul de hirtie...61

Russisch/Russian
Август 62
За той рекой 63
Март 64
Письма.. 65
Бумажный мост.....................................67

Ukrainisch/Ukrainian
СЕРПЕНЬ 68
ПОТОЙБІЧ РІКИ 69
БЕРЕЗЕНЬ 70
ЛИСТИ..71
МІСТ ІЗ ПАПЕРУ 73

Ungarisch/Hungarian
Augusztus...74
A folyón túl..75
Március...76
Levelek.. 77
Papírhidak... 79

Nachwort... 80
Epilogue 86
Autor, Herausgeber, Übersetzer,
Titelbild..91
Author, Editor, Translators,
Cover Picture...94
Dank/Acknowledgements 97

VORWORT

In diesem Band wird der mit dem *Spiegelungen*-Preis für Lyrik 2017 prämierte Zyklus „Die Brücke aus Papier" in elf Sprachen und vier Schriftsystemen zugänglich gemacht, wie sie in der Bukowina gesprochen und geschrieben wurden und – zumindest manche davon – noch werden, sei es als Erst-, Zweit-, Dritt- oder Fremdsprache. Die erstmals in den *Spiegelungen. Zeitschrift für deutsche Kultur und Geschichte Südosteuropas* 2/2017 veröffentlichten Gedichte des Dichters, Essayisten und Übersetzers Lothar Quinkenstein setzen sich vor allem mit dem jüdischen Erbe der historischen Bukowina und Mitteleuropas auseinander. Literatur, die um das ehemalige Kronland mit seiner Hauptstadt Czernowitz kreist, die „vielleicht europäischste aller Städte" (Alan Posener), kann gar nicht anders, als gleichzeitig die ganze Welt miteinzuschreiben. So ist auch das Vorhaben, den Gedichtzyklus aus dem Deutschen in zehn weitere Sprachen der Bukowina zu übertragen, selbst zu einem mondialen Projekt geworden. Die renommierten Übersetzerinnen und Übersetzer, die wir dafür gewinnen konnten, wirken in Bellingham, Budapest, Bukarest, Halle, Kiew, Köln, Lemberg, Warschau und Wellington. Die Illustratorin des Titelbildes stammt aus Siebenbürgen und wirkt in Ingolstadt, der Herausgeber lebt in München und Wien, der Verleger in Ulm, der Autor selbst in Berlin. So baut dieser Band auf einen „vielstimmigen Chor der Erinnerungen" (Monika Grütters), und es lassen sich in unseren Landschaften noch viele weitere Stimmen, Sprachen und Spuren finden, Schichten und Geschichten freilegen. Es sind Gedächtnislinien, die aus einer Vergangenheit, die nicht vergehen darf, in eine Zukunft führen, die vielleicht möglich ist.

Florian Kührer-Wielach,
Institut für deutsche Kultur und Geschichte Südosteuropas
an der LMU München

EDITOR'S PREFACE

This volume presents the 2017 *Spiegelungen* Poetry Prize-winning cycle "Die Brücke aus Papier" ("The Bridge of Paper") in eleven languages and four scripts. Languages and scripts that were spoken and written in Bukovina, be it as a first, second, third or foreign language, and which at least in some cases are still in use there today. First published in *Spiegelungen. Zeitschrift für deutsche Kultur und Geschichte Südosteuropas* 2/2017, the poems of the poet, essayist and translator Lothar Quinkenstein are mainly concerned with the Jewish heritage of the historical Bukovina and Central Europe. Literature centred on the former crown land with its capital of Czernowitz, "perhaps the most European of all cities" (Alan Posener), can do no other than embrace the entire world. And hence our intention to render the cycle of poems from German into ten other languages of Bukovina has also become a project connecting different regions and parts of the world. The renowned translators we were able to secure for our publication work in Bellingham, Budapest, Bucharest, Halle, Kiev, Cologne, Lemberg, Warsaw and Wellington. The cover illustrator is from Transylvania and works in Ingolstadt, the editor lives in Munich and Vienna, the publisher in Ulm, the author himself in Berlin. Thus this volume builds on a "many-voiced choir of memory" (Monika Grütters), and our landscapes can reveal many other moods, languages and traces, layers and stories. They are lines of memory leading from a past that must not be forgotten to a future that is perhaps possible.

Florian Kührer-Wielach,
Institute for German Culture and History of Southeastern Europe at LMU Munich

Lothar Quinkenstein

August

Gottes Flüstern, rosenfarben ...
(Stanisław Vincenz)

im Anfang ein Garten
im Anfang die Bäume
glommen als Lieder
die Heupferdchen schrieben
die Noten ins Blau

am Ende des Gartens die lose Planke
es schlüpfte der Morgen
hinaus in den Mittag durch Beifuß und Kletten
streunt er im Knistern der Disteln
bis nach Kimpolung Radautz

dort auf den Hügeln
benennt er die Wolken schöpft
Glanz aus der Quelle im Licht
trunkenen Himmel der Welt

Jenseits des Flusses

kein Sederteller keine
Fragen die Nacht unterscheidet sich nicht
von den Nächten davor
kein Becher
für den Propheten die Sterne
glänzen im Frost

kein Schilfmeer die Nacht
fünf Strophen
schwarz

sät sie den Hunger in bittere Erde
schwarz
gräbt sie den Hunger
fünf Strophen
aus bitterer Erde schwarz
lässt sie dem Leben
jenseits des Flusses
fünf Strophen
dayenu
die stumme
Enge der Welt

März

als wüsste die Straße den Weg
als machten die Bäume
Rast nur und wüssten wohin
als hätten die Fenster bewahrt alle Blicke
als warte der Flieder der Apfelbaum
auf die Kostüme der Kinder
den Duft der Hamantaschen

die Pforte der Pfad
Wände und Dach noch als wär es ein Haus
wie aber wären
Wände und Dach noch ein Haus wenn die Gärten der Nachbarn
Wildnis wenn Haman der Zweite von den Türen riss
die Schrift der Welt

Wolken und Zweige im Wind
als warte der Abend
auf Lampe und Zeitung
als warte das Geräusch des Regens
auf den Bericht der Katastrophe –
als damals der Zug in den Pruth
die Ochsen zerschmettert in Trümmern im Eis
grausiger Anblick
kaum zu ertragen
ein Mensch
kam damals ums Leben
ein Mensch
blieb damals vermisst

Briefe

von den Ufern solcher Nächte
        Saras Lachen
                Jakobs Stimme
                        grüne Mutter Bukowina
von den Ufern solcher Trauer
Post aus Düsseldorf

von den Ufern solcher Trauer
        Saras Lachen
                Jakobs Stimme
von den Ufern solcher Dämmerungen
Zeilen aus New York
        Reb' Levi Jizchok in Schal und Riemen
        rührt sich nicht vom Ort.

von den Ufern
        shtiler shtiler
                Saras Lachen
                        Jakobs Stimme
                                kvorim vaksn do

von den Ufern
        shtiler shtiler
Briefe aus Paris
        Es hat sich die Erde gefaltet.
        Einmal und zweimal und dreimal.
        Lauter, lauter Es.

von den Ufern solcher Dämmerungen
Saras Lachen
Jakobs Stimme
von den Ufern solcher Stille
Zeilen in *buntscheckig Narrendeutsch*
Briefe aus Guangzhou

von den Ufern solcher Stille
Saras Lachen
Jakobs Stimme
von den Ufern solcher Verse
Post aus Naharija
Ein Atem Gottes ist das Meer.
Aber der Mensch ist sein Gedanke.

von den Ufern solcher Verse
Jakobs Stimme
Esaus Tränen
von den Ufern solcher Trauer
Zeilen aus der Nacht
Er steht vor dem Pult. Das Gebetbuch ist offen,
doch spricht er kein einziges Wort.

Die Brücke aus Papier

Wir warten, erzähl.
(Itzik Manger)

Wer trägt die Sehnsucht trägt die Last
trägt die Genisa der verbrannten Namen

wer trägt das nicht gelebte Leben
über die Brücke aus Papier?

Լոթար Քվինքենշտայն

Օգոստոս

Աստուծոյ շշուկը, վարդի գոյները ...
(Ստանիսլավ Վինցենց)

սկզբից մի այգի
սկզբից ծառերը
իբրև երգեր վառվում
նոտաներ են գրում
մորեխներն հենց այնպես

վերջում այգու փլված ցանկապատ
այգն է սպրդում կեսօր
օշինդրի և կոթուկի միջով
դեգերում տատասկի ճարճատի ներքո
դեպի Քիմպոլունգ Ռադաուց

այնտեղ բլուրների վրա
ամպերն է կոչում
փայլ վերցնում աղբյուրից լույսով
արբած երկնքի տիեզերասփյուռ

Գետից այն կողմ

չկա սեդերի ափսեն չկան
հարցեր ու չի տարբերվում այս գիշերն
առաջվա գիշերներից
չկա բաժակը մարգարեի համար աստղերը
փայլում են սառնամանիքում

չկա կարմիր ծովը գիշերը
            հինգ քառատող
                        սև
սով է ցանում դառն հողի վրա
սև
թաղում է սովը
            հինգ քառատող
                        դառնահողից սև
ու թողնում կյանքին
գետից այն կողմ
            հինգ քառատող
                        դայենու
                                    համր
անձկություն աշխարհի

Մարտ

կարծես թե փողոցը ճանապարհը գիտեր
կարծես թե ծառերը
միայն դադար էին առել և գիտեին, թե ուր են գնալու
կարծես թե պատուհանները պահել էին հայացքները բոլոր
կարծես թե յասամանը խնձորենուն էր սպասում
երեխաների հագուստին
Համան կարկանդակների բույրին

դարպասն արահետի
պատերն ու տանիքը կարծես դեռ տուն լինեին
բայց ինչպե՞ս կարող են պատերն ու տանիքը դեռ տուն լինել
երբ հարևանների այգիները վայրի երբ Համան Երկրորդը դռներից
աշխարհի գիրը պոկեց

Ապմեր ու ճյուղեր քամու մեջ
կարծես թե երեկոն լամպի ու թերթի է սպասում
կարծես աղմուկն անձրևի սպասում է աղետի լուրին,
ինչպես այն ժամանակ, երբ գնացքը եզներին Պրուտը նետեց
ջախջախելով գետի սառցաշիթերում
սահմռկեցուցիչ տեսարան
հազիվ տանելի
մեկ մարդ
աղետին զոհ գնաց այն ժամանակ
մեկ մարդ մնաց այն ժամանակ կորած

Նամակներ

Ափերից այսպիսի գիշերների
Սառայի ծիծաղը
ձայնը Հակոբի
Մայր Բուկովինա կանաչ
ափերից այսպիսի թախիծի
փոստ Դյուսելդորֆից

ափերից այսպիսի թախիծի
Սառայի ծիծաղը
ձայնը Հակոբի
ափերից այսպիսի աղջամուղջների
տողեր Նյու Յորքից
Ռաբբ' Լեվի Յիցխակը շալով ու գոտով
տեղից չի շարժվում:

ափերից
Սուս օրոր օրոր
Սառայի ծիծաղը
ձայնը Հակոբի
մահերն են աճում այստեղ
ափերից
Սուս օրոր օրոր
նամակներ Փարիզից
Հողը ծալծլվեց :
Մեկ, երկու և երեք անգամ:
Ավելի բարձր, ավելի բարձր Նա:

ափերից այսպիսի աղջամուղջների
Սառայի ծիծաղը
ձայնը Հակոբի
ափերից այսպիսի անդորրի
տողեր *նախշուն գերմաներենով*
նամակներ Գուանչժոուից

ափերից այսպիսի անդորրի
Սառայի ծիծաղը
ձայնը Հակոբի
ափերից այս չափածո տողերի
փոստ Նահարիյայից
Աստուծոյ շունչն է ծովը:
Իսկ մարդը՝ նրա խոհը:

ափերից այս չափածո տողերի
Հակոբի ձայնը
արցունքներն Եսավի
ափերից այսպիսի թախիծի
տողեր գիշերվա խորքից
Կանգնած է խորանի առջև: Աղոթագիրքը՝ բաց,
բայց նա ոչ մի բառ չի արտասանում:

Թղթե կամուրջը

Մենք սպասում ենք, պատմի՛ր
(Իցիկ Մանգեր)

Ով կարոտ է կրում բեռն է կրում
կրում է գենիզան այրված անունների

Ո՞վ է չապրած կյանքը կրելու
կամուրջի վրայով թղթի

Übersetzerin/translator: Armenuhi Drost-Abgarjan, Halle/Saale

Lothar Quinkenstein

August

God's whispers,
rose colored
(Stanisław Vincenz)

in the beginning a garden
in the beginning trees
glimmer as songs
little grasshoppers wrote
the tones in blue

at the end of the garden a panel loose
the morning hatching into
noon with mugwort and catchweed
he roams inside the crackle of thistles
all the way to Kimpolung Radautz

there on the hills
he names clouds creates
splendor the source in light
drunken skies of the world

Beyond the River

no Seder plate no
questions the night does not differ
from other nights
no chalice
for the prophet the stars
burnish in frost

no sea of reeds the night
            five verses
                        black
she seeds hunger into the bitter earth
black
burrows the hunger
            five verses
                        of bitter earthen black
leaves for life
beyond the river
            five verses
                        dayenu
                                    the mute
anguish of the world

March

as if the streets knew the way
as if the trees
only rested and knew where to go
as if the windows had kept all glances
as if the lilac waited the apple tree
the costumes of children
the smell of Hamentaschen

the portal the path
walls and roof still as if a house
but how would
walls and roof be a house when gardens of neighbors
wilderness when Haman the second pulled down from the doors
the writing of the world

clouds and branches in the wind
as if evening waits
for newspaper and lamp
as if the sound of rain
for news of the catastrophe—
when the train into the Pruth back then
the oxen smashed ruins of ice
horrible sight
unbearable
a human
lost their life back then
a human
stayed missing back then

Letters

from the embankments of such nights
Sara's laughter
Jacob's voice
green Mother Bukowina
from the embankments of such sorrow
mail from Düsseldorf

from the embankments of such sorrow
Sara's laughter
Jacob's voice
from the embankments of such dusk lines from New York
Reb' Levi Jizchok in shawl and tefillin
does not stir.

from the embankments
shtiler shtiler
Sara's laughter
Jacob's voice
kvorim waksn do

from the embankments
shtiler shtiler
letters from Paris
The earth has folded.
Once and twice and thrice.
Merely, merely It.

from the embankments of such dusk
Sara's laughter
Jacob's voice
from the embankments of such silences
lines in *piebald fool's German*
letters from Guangzhou

from the embankments of such stillness
Sara's laughter
Jacob's voice
from the embankment of such verses
mail from Naharija
One breath of god the sea
But humans are his thought.

From the embankments of such verses
Jacob's voice
Esau's tears
from the embankment of such sorrow
lines from the night
He stands in front of the desk. The prayer book is open,
but speaks no word.

The Bridge of Paper

we are waiting,
tell us.
(Itzik Manger)

Who carries the longing carries the burden
carries the genisah of burned names

who carries the unlived life
across the bridge of paper?

Übersetzerin/translator: Yanara Friedland, Bellingham

גֶּשֶׁר הַנְּיָר

אֲנַחְנוּ מַחְכִּים,
תַּגִּיד לָנוּ.
(אִיצִיק מָנְגֵר)

הַנּוֹשֵׂא אֶת הַגַּעְגּוּעַ נוֹשֵׂא אֶת הַנֵּטֶל
נוֹשֵׂא אֶת הַגְּנִיזָה שֶׁל שֵׁמוֹת שְׂרוּפִים

מִי הַנּוֹשֵׂא אֶת הַחַיִּים שֶׁלֹּא חָיוּ
מֵעֵבֶר לַגֶּשֶׁר הַנְּיָר?

Übersetzer/translator: Rick Sahar, Wellington

מֵהַסּוֹלְלוֹת שֶׁל דִּמְדּוּמִים כָּאֵלֶּה
צְחוֹקָהּ שֶׁל שָׂרָה
קוֹלוֹ שֶׁל יַעֲקֹב
מֵהַסּוֹלְלוֹת שֶׁל שְׁתִיקוֹת כָּאֵלֶּה
שׁוּרוֹת בְּגֶרְמָנִית שֶׁל טִפֵּשׁ
מִכְתָּבִים מִגּוּאַנְגְזוּ

מֵהַסּוֹלְלוֹת שֶׁל דְּמָמָה כָּזוֹ
צְחוֹקָהּ שֶׁל שָׂרָה
קוֹלוֹ שֶׁל יַעֲקֹב
מֵהַסּוֹלְלוֹת שֶׁל פְּסוּקִים כָּאֵלֶּה
דֹּאַר מִנַּהֲרִיָּה
נְשִׁימָה אַחַת שֶׁל אֱלֹהִים הִיא הַיָּם
אֲבָל בְּנֵי הָאָדָם הֵם הַמַּחְשָׁבָה שֶׁלּוֹ.

מֵהַסּוֹלְלוֹת שֶׁל פְּסוּקִים כָּאֵלֶּה
קוֹלוֹ שֶׁל יַעֲקֹב
דִּמְעוֹתָיו שֶׁל עֵשָׂו
מֵהַסּוֹלְלָה שֶׁל צַעַר כָּזֶה
שׁוּרוֹת מֵהַלַּיְלָה
הוּא עוֹמֵד מוּל הַדּוּכָן. הַסִּדּוּר פָּתוּחַ,
אֲבָל לֹא מְדַבֵּר אַף מִלָּה.

מִכְתָּבִים

מֵהַסּוֹלְלוֹת שֶׁל לֵילוֹת כָּאֵלֶּה
צְחוֹקָהּ שֶׁל שָׂרָה
קוֹלוֹ שֶׁל יַעֲקֹב
אִמָּא בּוּקוֹבִינָה יְרֻקָּה
מֵהַסּוֹלְלוֹת שֶׁל צַעַר כָּזֶה
דֹּאַר מִדִּיסֶלְדּוֹרְף

מֵהַסּוֹלְלוֹת שֶׁל צַעַר כָּזֶה
צְחוֹקָהּ שֶׁל שָׂרָה
קוֹלוֹ שֶׁל יַעֲקֹב
מֵהַסּוֹלְלוֹת שֶׁל קַוֵּי דִמְדוּמֵי עֶרֶב כָּאֵלֶּה מְנִיו יוֹרְק
רָב לֵוִי יִצְחַק בְּ טַלִּית וּתְפִלִּין
לֹא זָז.

מֵהַסּוֹלְלוֹת
שְׁטִילְעָר שְׁטִילְעָר
צְחוֹקָהּ שֶׁל שָׂרָה
קוֹלוֹ שֶׁל יַעֲקֹב
קְבוֹרִים ווּעָקְסֶן דוֹ

מֵהַסּוֹלְלוֹת
שְׁטִילְעָר שְׁטִילְעָר
מִכְתָּבִים מִפָּרִיס
הָאֲדָמָה הִתְקַפְּלָה.
פַּעַם וּפַעֲמַיִם וְשָׁלוֹשׁ פְּעָמִים
רַק, רַק זֶה.

מֶרְץ

כְּאִלּוּ הָרְחוֹבוֹת יָדְעוּ אֶת הַדֶּרֶךְ
כְּאִלּוּ הֶעֵצִים
רַק נָחוּ וְיָדְעוּ לְאָן לָלֶכֶת
כְּאִלּוּ הַחַלּוֹנוֹת שָׁמְרוּ עַל כֹּל מַבָּט
כְּאִלּוּ חִכּוּ הַלִּילָךְ עֵץ הַתַּפּוּחַ
תִּלְבּוֹשׁוֹת שֶׁל יְלָדִים
רֵיחַ שֶׁל אוֹזְנֵי הָמָן

הַשַּׁעַר הַשְּׁבִיל
קִירוֹת וְגַג עֲדַיִן כְּאִלּוּ בַּיִת
אֲבָל אֵיךְ הָיוּ
קִירוֹת וְגַג לִהְיוֹת בַּיִת כְּשֶׁגַּנִּים שֶׁל שְׁכֵנִים
הַשְּׁמָמָה כַּאֲשֶׁר הָמָן הַשֵּׁנִי מָשַׁךְ לְמַטָּה מֵהַדְּלָתוֹת
כְּתִיבַת הָעוֹלָם

עֲנָנִים וַעֲנָפִים בָּרוּחַ
כְּאִלּוּ עֶרֶב מַמְתִּין
לָעִתּוֹן וְלַמְּנוֹרָה
כְּאִלּוּ קוֹל הַגֶּשֶׁם
לַחֲדָשׁוֹת עַל הָאָסוֹן
כַּאֲשֶׁר הָרַכֶּבֶת אֶל תּוֹךְ פָּרוּת אָז
הַשְּׁוָרִים רִסְּקוּ אֶת הֲרִיסוֹת הַקֶּרַח
מַרְאֶה נוֹרָא
בִּלְתִּי נִסְבָּל
בֵּן/בַּת אָדָם
אִבְּדוּ אֶת חַיֵּיהֶם אָז
בַּת/בֵּן אָדָם
נִשְׁאֲרוּ חֲסֵרִים אָז

מֵעֵבֶר לַנָּהָר

אֵין צַלַּחַת לֵיל הַסֵּדֶר אֵין
שְׁאֵלוֹת שֶׁהַלַּיְלָה אֵינוֹ שׁוֹנֶה
מִלֵּילוֹת אֲחֵרִים
אֵין גָּבִיעַ
עֲבוּר הַנָּבִיא הַכּוֹכָבִים
צוֹרְבִים בְּכְפוֹר

אֵין יָם-סוּף הַלַּיְלָה
חֲמִשָּׁה פְּסוּקִים
שָׁחוֹר
הִיא זוֹרַעַת רָעָב לַאֲדָמָה הַמָּרָה
שָׁחוֹר
חוֹפֶרֶת אֶת הָרָעַב
חֲמִשָּׁה פְּסוּקִים
שֶׁל שֶׁחֹר עָפָר מַרִיר
עוֹזֶבֶת לַחַיִּים
מֵעֵבֶר לַנָּהָר
חֲמִשָּׁה פְּסוּקִים
דָּיֵינוּ
הָאִלֵּם
יִסּוּרֵי הָעוֹלָם

לוֹתַר קְווִינְקֶנְשְׁטַיין

אוֹגוּסְט

לְחִישַׁת אֱלֹהִים,
בְּצֶבַע וֶרֶד
(סטניסלב וינצנץ)

בְּרֵאשִׁית גַּן
בְּרֵאשִׁית עֵצִים
נוֹצְצִים כְּשִׁירִים
חֲגָבִים קְטַנִּים כָּתְבוּ
הַגְּוָנִים בַּכָּחֹל

בַּסּוֹף הַגַּן לוּחַ מְשֻׁחְרָר
הַבֹּקֶר בּוֹקֵעַ לְתוֹךְ
צָהֳרַיִם עִם לַעֲנָה מְצוּיָה וְדִבְקָה זִיפָנִית
הוּא מְשׁוֹטֵט בְּתוֹךְ פְּצוּחַ הַקּוֹצִים
כָּל הַדֶּרֶךְ לַקִּימְפּוֹלוּנְג רְאָדְאוּץ

שָׁם עַל הַגְּבָעוֹת
הוּא קוֹרֵא עֲנָנִים יוֹצֵר
יִפְעָה הַמָּקוֹר בָּאוֹר
שָׁמַיִם שִׁכּוֹרִים שֶׁל הָעוֹלָם

lothar quinkenstein

oygust

rozever sheptsh fun got ...
(stanisław vincenz)

in onheyb a gortn
in onheyb di beymer
glien vi lider
di feldferdl shraybn
di notn ins bloy

baym ek funem gortn a loyze planke
aroysgekrokhn der frimorgn
in mitog durkh bitergroz un lopukh
voglt er in traskn fun disteln
oyfn veg keyn kimpolung radevits

dortn oyf di bergl
kroynt er mit nemen di khmares shept
er glants fun der kval in likht
farshikertn himl fun der velt

oyf yener zayt taykh

nito keyn kayre keyn
kashyes di nakht iz nisht andersh
fun di nekht fun eyder
keyn kos shel elyohu hanovi di shtern
finklen in frost

nito keyn yam-suf di nakht
          finf strofes
                    a shvartse
zeyt zi dem hunger in a bitere erd
a shvartse
grobt zi dem hunger
          finf strofes
                    fun a biterer erd aroys a shvartse
lozt zi dem lebn
oyf yener zayt taykh
          finf strofes
                    dayenu
                              di shtume
engshaft fun der velt

merts

oyb s'volt gevust der veg dem derekh
oyb s'voltn gemakht di beymer
menukhe un gevust vuahin tsu geyn
oyb s'voltn di fentster gehaltn ale blikn
oyb s'volt gevart der bez der eplboym
oyf di kostyumn fun di kinder
dem reyekh fun di homentashn

di fortke di stezhke
vent un a dakh oyb s'volt nokh geven a hoyz
nor vi s'voltn geven
vent un a dakh nokh alts a hoyz ven di gortns fun di shkheynem
a vildenish ven homen der tsveyter hot opgerisn fun di tirn
di shrift fun der velt

volkns un tsvaygn in vint
oyb s'volt gevart der ovnt
oyf a lempl un a tsaytung
oyb s'volt gevart dos geroysh funem regn
oyfn barikht fun der katastrofe –
vi demolt der poyezd in prut
di oksn tseshmetert in khurves in ayz
groyliker onblik
koym tsu dertrogn
eyn mentsh
iz demolt gemeymest
eyn mentsh
iz nelem gevorn

briv

fun di bregn fun nekht azelkhe
sores gelekhter
yankevs kol
di grine muter bukovine
fun di bregn fun aza troyer
post fun disldorf

fun di bregn fun aza troyer
sores gelekhter
yankevs kol
fun di bregn fun aza beyn-hashmoshes
shures fun nyu york
r'levi yitskhok in tales un tfilen,
rirt zikh nisht funem ort.

fun di bregn
shtiler shtiler
sores gelekhter
yankevs kol
kvorem vaksn do

fun di bregn
shtiler shtiler
briv fun pariz
es hot zikh gefalbt di erd.
eyn mol un tsvey mol un dray mol.
loyter, loyter es.

fun di bregn fun aza beyn-hashmoshes
sores gelekhter
yankevs kol
fun di bregn fun aza shtilkayt
shures oyf *buntshekig narendoytsh*
briv fun kvangzhu

fun di bregn fun aza shtilkayt
sores gelekhter
yankevs kol
fun di bregn fun shures azelkhe
post fun nahariya
an otem fun got iz der yam.
ober der mentsh iz zayn gedank.

fun di bregn fun shures azelkhe
yankevs kol
eysevs trer
fun di bregn fun aza troyer
shures fun der nakht
er shteyt farn omed. dos sidur iz ofn,
nor er redt nisht aroys keyn vort.

di brik fun papir

mir vartn, dertseyl
(itsik manger)

ver trogt di benkshaft trogt di last
trogt di genize fun farbrente nemen

ver trogt dos nisht gelebte lebn
iber der brik fun papir?

Übersetzerin/translator: Anna Rozenfeld, Warschau

די בריק פֿון פּאַפּיר

מיר וואַרטן, דערציילט
(איציק מאַנגער)

ווער טראָגט די בענקשאַפֿט טראָגט די לאַסט
טראָגט די גניזה פֿון פֿאַרברענטע נעמען

ווער טראָגט דאָס נישט געלעבטע לעבן
איבער דער בריק פֿון פּאַפּיר?

Übersetzerin/translator: Anna Rozenfeld, Warschau

פֿון די ברעגן פֿון אַזאַ בין-השמשות
שׂרהס געלעכטער
יעקבֿס קול
פֿון די ברעגן פֿון אַזאַ שטילקייט
שורות אויף בונטשעקיג נאַרענדויטש
בריוו פֿון קוואַנגזשו

פֿון די ברעגן פֿון אַזאַ שטילקייט
שׂרהס געלעכטער
יעקבֿס קול
פֿון די ברעגן פֿון שורות אַזעלכע
פּאָסט פֿון נהריה
אַן אָטעם פֿון גאָט איז דער ים.
אָבער דער מענטש איז זײַן געדאַנק.

פֿון די ברעגן פֿון שורות אַזעלכע
יעקבֿס קול
עשׂוס טרער
פֿון די ברעגן פֿון אַזאַ טרויער
שורות פֿון דער נאַכט
ער שטייט פֿאַרן עמוד. דאָס סידור איז אָפֿן,
נאָר ער רעדט נישט אַרויס קיין וואָרט.

בריוו

פֿון די ברעגן פֿון נעכט אַזעלכע
שׂרהס געלעכטער
יעקבֿס קול
די גרינע מוטער בוקאָווינע
פֿון די ברעגן פֿון אַזאַ טרויער
פּאָסט פֿון דיסלדאָרף

פֿון די ברעגן פֿון אַזאַ טרויער
שׂרהס געלעכטער
יעקבֿס קול
פֿון די ברעגן פֿון אַזאַ בין-השמשות
שורות פֿון ניו יאָרק
ר׳לוי יצחק אין טלית און תּפֿילין,
רירט זיך נישט פֿונעם אָרט.

פֿון די ברעגן
שטילער שטילער
שׂרהס געלעכטער
יעקבֿס קול
קבֿרים וואַקסן דאָ

פֿון די ברעגן
שטילער שטילער
בריוו פֿון פּאַריז
עס האָט זיך געפּאַלבט די ערה.
איין מאָל און צוויי מאָל און דרײַ מאָל.
לויטער, לויטער עס.

מערץ

אויב ס׳וואָלט געוווּסט דער וועג דעם דרך
אויב ס׳וואָלטן געמאַכט די ביימער
מנוחה און געוווּסט וואַהין צו גיין
אויב ס׳וואָלטן די פֿענצטער געהאַלטן אַלע בליקן
אויב ס׳וואָלט געוואַרט דער בעז דער עפּלבוים
אויף די קאָסטיומען פֿון די קינדער
דעם ריח פֿון די המן-טאַשן

די פֿאָרטקע די סטעזשקע
ווענט און אַ דאַך אויב ס׳וואָלט נאָך געווען אַ הויז
נאָר ווי ס׳וואָלטן געווען ווענט און אַ דאַך נאָך אַלץ אַ הויז ווען די גאָרטנס פֿון די שכנים
אַ ווילדעניש ווען המן דער צווייטער האָט אָפּגעריסן פֿון די טירן
די שריפֿט פֿון דער וועלט

וואָלקנס און צווייַגן אין ווינט
אויב ס׳וואָלט געוואַרט דער אָוונט
אויף אַ לעמפּל און אַ צייַטונג
אויב ס׳וואָלט געוואַרט דאָס גערויש פֿונעם רעגן
אויפֿן באַריכט פֿון דער קאַטאַסטראָפֿע -
ווי דעמאָלט דער פּויעזד אין פּרוט
די אָקסן צעשמעטערט אין חורבֿות אין אייַז
גרויליקער אָנבליק
קוים צו דערטראָגן
איין מענטש
איז דעמאָלט געממיתט
איין מענטש
איז נעלעם געוואָרן

אויף יענער זײַט טײַך

ניטאָ קיין קערה קיין
קשיות די נאַכט איז נישט אַנדערש
פֿון די נעכט פֿון איידער
קיין כּוס של אליהו הנביא די שטערן
פֿינקלען אין פֿראָסט

ניטאָ קיין ים־סוף די נאַכט
פֿינף סטראָפֿעס
אַ שוואַרצע
זייט זי דעם הונגער אין אַ ביטערע ערד
אַ שוואַרצע
גראָבט זי דעם הונגער
פֿינף סטראָפֿעס
פֿון אַ ביטערער ערד אַרויס אַ שוואַרצע
לאָזט זי דעם לעבן
אויף יענער זײַט טײַך
פֿינף סטראָפֿעס
דיינו
די שטומע
ענגשאַפֿט פֿון דער וועלט

לאָטאַר קווינקענשטײַן

אויגוסט

ראָזעווער שעפּטש פֿון גאָט ...
(סטאַניסלאַוו ווינצענץ)

אין אָנהייב אַ גאָרטן
אין אָנהייב די ביימער
גליען ווי לידער
די פֿעלדפֿערדל שרײַבן
די נאָטן אינס בלוי

בײַם עק פֿונעם גאָרטן אַ לויזע פּלאַנקע
אַרויסגעקראָכן דער פֿרימאָרגן
אין מיטאָג דורך ביטערגראָז און לאָפּוך
וואָגלט ער אין טראַסקן פֿון דיסטעלן
אויפֿן וועג קיין קימפּאָלונג ראַדעוויץ

דאָרטן אויף די בערגל
קרוינט ער מיט נעמען די כמאַרעס שעפּט
ער גלאַנץ פֿון דער קוואַל אין ליכט
פֿאַרשיקערטן הימל פֿון דער וועלט

Lothar Quinkenstein

Sierpień

Różowy szept Pana ...
(Stanisław Vincenz)

na początku ogród
na początku drzewa
tliły się jako pieśni
pasikoniki wpisały
nuty w błękit

na końcu ogrodu luźny parkan
wyśliznął się ranek
w południe przez bylicę i łopuch
snuje się w trzaskach ostów
do Kimpolung Radowce

tam na wzgórzach
nazywa chmury czerpie
blask ze źródła światłem
odurzonych niebios świata

Po tamtej stronie rzeki

nie ma talerza sederowego nie ma
pytań noc nie różni się
od poprzednich nocy
nie ma kielicha
dla proroka gwiazdy
iskrzą na mrozie

nie ma morza sitowia czarna
              pięć zwrotek
                            noc
sieje głód na gorzkiej ziemi
czarna
wygrzebuje głód
              pięć zwrotek
                            z gorzkiej ziemi czarna
pozostawia życiu
po tamtej stronie rzeki
              pięć zwrotek
                            dajenu
                                          niemą
ciasnotę świata

Marzec

jakby droga znała drogę
jakby drzewa zatrzymały się
na postój tylko i wiedziały dokąd iść
jakby okna zachowały wszystkie spojrzenia
jakby bez jabłoń czekały
na kostiumy dzieci
na zapach hamantaszy

furtka ścieżka
ściany i dach wciąż jakby to był dom
ale jak ściany i dach
miałyby być wciąż domem gdy ogrody sąsiadów
zdziczały gdy Haman Drugi z drzwi zerwał
pismo świata

chmury i gałęzie na wietrze
jakby wieczór czekał
na gazetę i lampę
jakby dźwięk deszczu czekał
na relację z katastrofy –
jak wtedy pociąg w Prucie
woły roztrzaskane w gruzach w lodzie
makabryczny widok
prawie nie do zniesienia
jeden człowiek
wtedy zginął
jeden człowiek
wtedy zaginął

Listy

z brzegów takich nocy
Sary śmiech
Jakuba głos
grüne Mutter Bukowina
z brzegów takiej żałoby
poczta z Düsseldorfu

z brzegów takiej żałoby
Sary śmiech
Jakuba głos
z brzegów takich zmierzchów
wersy z Nowego Jorku
Reb Lewi Jicchok w tałesie i tefilin
z miejsca się nie rusza.

z brzegów
sztiler sztiler
Sary śmiech
Jakuba głos
kworim waksn do

z brzegów
sztiler sztiler
listy z Paryża
Pofałdowała się ziemia.
Raz, i drugi i trzeci.
To tylko, tylko Ono.

z brzegów takich zmierzchów
Sary śmiech
Jakuba głos
z brzegów takiej ciszy
wersy *buntscheckig Narrendeutsch*
listy z Kantonu

z brzegów takiej ciszy
Sary śmiech
Jakuba głos
z brzegów takich wersetów
poczta z Nahariji
Tchnieniem Boga jest morze.
Ale człowiek jest jego myślą.

z brzegów takich wersetów
Jakuba głos
Ezawa łzy
z brzegów takiej żałoby
wersy z nocy
Stoi przed amudem. Sidur jest otwarty,
ale on żadnego słowa nie wypowiada.

Most z papieru

Czekamy, opowiedz.
(Icyk Manger)

Kto niesie tęsknotę niesie ciężar
niesie genizę spalonych imion

kto niesie nie przeżyte życie
przez most z papieru?

Übersetzerin/translator: Anna Rozenfeld, Warschau

Lothar Quinkenstein

Avgusto

Devleske šupuripa, luludjengefarbe ...
(Stanisław Vinzenz)

ko anglunipe jekh avlin
ko anglunipe e kašta
havazi sar gili
e pajeske grastorra skrinisaren
e note ando modrope

ko agor e avlinako čhudine phalja
fruzal i teharin
karing o mezmeri andar e pre thaj iklipe
vrzmoj andar o izrape e čarjako
dži ko Kimpolung Radautz

kote po brego
mothol e marutenge kerutnes
glancome andar o vrelo ko strafin
mate devleskere lumijako

Avere rigate e lejako

naj rupuno čaro naj phučipa
e raća naj averčhanes
kotar e raća majanglal
naj taxtaja
e durićarnenge čehraja
strafinen ando mrazo

naj pajeski čar ki rać
pandž strofe
kalipe
čhuvel ande phuv i bokh
pandž strofe
andar e ćerki phuv kaipe
mukel o džuvdipa
avere rigate e lejako
pandž strofe
dayenu
laloro
xarnipe e lumijako

Marto

sar kaj džanel o drumo o drom
sar kaj e kašta
khinjon cerra thaj džanen kaj majangle
sar kaj e džamja istaren sa e dikhipa
sar kaj e peruške pe phabajenge kašta adjićaren
pe čhavrrenge premene
o sung e trastengo

Dromesko udar
e zidura thaj o plafoni sar kaj si kher
sar avelas
e barja thaj o krovi sar jekh kher sar avlin
e komšijaske vošeski kana o *Haman dujto*
katar e udara dijas mrtik
e lumijako ramope

E marutja thaj ruvlja ande bahval
sar kaj e pašaraćin adžikarel
kotar e strafina thaj lila
sar o šupuripe e bršindesko kana adžikarel
po mothojbe andar e katastrofa –
sar dumultan o tren ando Pruth
e sastrina phaglas ande ledoske kotora
daravno dikhljobe
našti te haćardol
jekh manuš
mulo-tar
jekh manuš
xasaljo

Lila

kotar e obale gasave raćengo
Sarako asajbe
Jakobosko krrlo
zeleno Daj Bukovina
kotar e obale gasave tugako
posta andar o Düsseldorf

kotar e obale gasave tugako
Sarako asajbe
Jakobosko krrlo
kotar e obale gasave pašaraćako
alava andar o New York
Reb ´Levi Jizchok ando dikhlo thaj kaiša
na miškosavo po than.
kotar e obale
shtiler shtiler
Sarako asajbe
Jakobosko krrlo
kvori vaksn do
kotar e obale
shtiler shtiler
lila andar o Parizo
Putalji e phuv.
Jekhvar dujvar thaj trinvar.
Krlalo, krlalo ledo.

kotar e obale gasave pašaraćako
Sarako asajbe
Jakobosko krrlo
kotar e obale gasave šutimasko
e alava ande *kotorvali khelavni germanikani čhib*
lila andar o Guagzhou
kotar e obale gasave šutimasko
Sarako asajbe
Jakobosko krrlo
kotar e obale gasave alavengo
e posta andar e Naharija
Jekh devlesko habor ando derjav.
Ba o manuš si lesko godjaveripe.
kotar e obale gasave alavengo
Jakobosko krrlo
Esauseske jasva
kotar e obale gasave jasvengo
alava andar e rać
Ačhel paša o pulto. E ašarimaski pustik si phravdi,
ba či jekh alav či phenel.

E phrud katar o papiri

Amen adžikara, mothav.
(Itzik Manger)

Ko phiravel o haćaripe vov phiravel o pharipe
phiravel e Genisa e phabarrde anava

ko phiravel o ni džuvdino trajo
perdal e phrud katar o papiri?

Übersetzer/translator: Ruždija Russo Sejdović, Köln

Lothar Quinkenstein

August

Șoapta Domnului trandafirie ...
(Stanislaw Vincenz)

la început grădina
la început copacii
mocneau în cîntece
lăcustele scriau
note-n azur

la capătul grădinii gardul căzut
se strecura dimineața-n amiază
printre buruieni și brusturi
stîrnind scrîșnetul ciulinilor
pînă-n Cîmpulung Rădăuți

acolo pe coline
dă nume norilor scoate
sclipiri din izvorul
cerului amețit de lumină

Dincolo de rîu

nici un blid de Seder nici o
întrebare noaptea nu diferă
de nopțile dinainte
nici un pocal
pentru profet stelele
luminează în ger

nici o mare de stuf noaptea
          cinci strofe
                    neagră
sădește foamea în țărîna amară
neagră
îngroapă foamea
          cinci strofe
                    de țărînă amară neagră
le lasă vieții
dincolo de rîu
          cinci strofe
                    dayenu
                              muta
strîmtoarea lumii

Martie

ca și cînd strada ar știi drumul
ca și cînd copacii ar face
doar un popas și ar știi încotro
ca și cînd ferestrele ar fi păstrat toate privirile
ca și cînd liliacul mărul ar aștepta
pe costumele copiilor
mireasma prăjiturelelor lui Haman

poarta cărarea
pereți și acoperiș parcă încă ar fi o casă
dar cum să mai fie
pereții și acoperișul o casă cînd grădinile vecinului
sălbăticiune-s cînd Haman al doilea a ras de pe uși
scrierea lumii

Nori și crengi în vînt
ca și cînd seara ar aștepta
lampa și ziarul
ca și cînd ropotul ploii
ar aștepta anunțul catastrofei –
atunci cînd trenul în Prut
zdrobește boii transformîndu-i în blocuri de gheață
cumplită priveliște
de nesuportat
un om
și-a pierdut viața atunci
un om
a dispărut

Scrisori

de pe malurile unor astfel de nopți
                rîsul Sarei
                                vocea lui Jakob
                                                mamă verde Bucovină
de pe malurile unui astfel de doliu
corespondență din Düsseldorf

de pe malurile unui astfel de doliu
                rîsul Sarei
                                vocea lui Jakob
de pe malurile unor asemenea amurguri
rînduri din New York
                Reb' Levi Jizchov cu fular și curea
                nu se urnește din loc

de pe malurile
                shtiler shtiler
                                rîsul Sarei
                                                vocea lui Jakob
                                                                kvorim vaksn do

de pe malurile
                shtiler shtiler
scrisori din Paris
                s-a împăturit pămîntul
                o dată de două de trei ori
                mai tare, mai tare ambigen

de pe malurile unor astfel de amurguri
          rîsul Sarei
                    vocea lui Jakob
de pe malurile unei astfel de tăceri
rînduri în *bălțatul grai nebuno-german*
scrisori din Guangzhou

de pe malurile unei astfel de tăceri
          rîsul Sarei
                    vocea lui Jakob
de pe malurile unor astfel de versuri
scrisori din Naharia
          respirația Domnului e marea
          dar omul e gîndul lui

de pe malurile unor astfel de versuri
          vocea lui Jakob
                    lacrimile lui Isaia
de pe malurile unui astfel de doliu
rînduri din noapte
          El stă în fața pupitrului. Cartea de rugăciuni e deschisă
          și totuși nu scoate un cuvînt.

Podul de hîrtie

noi așteptăm, povestește.
(Itzig Manger)

Cel ce duce dorul duce povara
duce cenușa numelor arse

cine trece viața netrăită
pe un pod de hîrtie?

Übersetzerin/translator: Nora Iuga, Bukarest

Лотар Квинкенштайн

Август

Бога шепот, розы цвет ...
Станислав Винценц

начало сад
начало деревья
мерцают как песни
их пишут цикады
ноты на сини

у края сада просвет в ограде
рассвет скользнет через марь и лопух
в полдень прямо
под хруст и шорох чертополоха
бредет до Радовиц до Кымполунга

там на холмах он
облака именует
струит сиянье источника света
с опьяненного неба над миром

За той рекой

ни тарелки для Седера ни
вопросов эта ночь
не отличается от всех других ночей
ни бокала пророку
звёзды
сверкают на морозе

ни Чермного моря черная ночь
          пять строф
                    черная
она сеет голод в горькую землю
черная
она раскапывает голод
          пять строф
                    из горькой черноты земли
оставляет она жизни
за той рекой
          пять строф
                    дайену
                              в немую
тесноту мира

Март

словно дороге известен путь
словно деревья только
передохнули и знали куда дальше
словно окна хранили все взгляды
словно ждали сирень и яблоня
наряженных детей
аромата умэнташн

тропка и калитка
стены и крыша еще словно был дом
но как могли быть
стены и крыша еще домом когда в соседних садах
запустение когда Аман Второй сорвал с дверей
послание миру

облака и ветви на ветру
словно вечер в ожидании
лампы и газеты
словно шум дождя
ждет известия о катастрофе –
как тогда: поезд рухнул в Прут
быки разодраны на куски
среди льда невыносимо
страшное зрелище
один человек
тогда лишился жизни
одного лишь
недосчитались тогда

Письма

от околиц тех ночей
Сары смех
Якова голос
зеленая мать Буковина
от околиц тех печалей
почты путь из Дюссельдорфа

от околиц тех печалей
Сары смех
Якова голос
от околиц тех закатов
строки шлет Нью-Йорк
реб' Леви Ицхак в талесе
недвижим стоит

от околиц
тише тише
Сары смех
Якова голос
лишь могилы здесь растут

от околиц
тише тише
письма из Парижа
Земля пошла складками.
Единожды, и дважды, и трижды.
Сплошь, сплошь, сплошь.

от околиц тех закатов
        Сары смех
                Якова голос
от околиц такой тиши
на придурочном немецком пару строк
прибыло из Гуанчжоу

от околиц такой тиши
        Сары смех
                Якова голос
весть летит из Нагарии
        дыханье Божье это море.
        Его мысль – человек.

от околиц тех стихов
        голос Якова
                Исава слезы
от околиц тех печалей
из ночи слова
        Он перед пультом. Молитвенник открыт.
        Но он ни слова не говорит.

Бумажный мост

Мы ждем, рассказывай.
(Ицик Мангер)

Кто эту тоску несет в себе несет груз
генизу сожженных имен

кто пронесет непрожитую жизнь
по бумажному мосту ?

Übersetzer/translator: Mark Bielorusets, Kiew

ЛОТАР КВІНКЕНШТАЙН

СЕРПЕНЬ

Божий шепіт, він рожевий ...
(Станіслав Вінценз)

спершу був сад
спершу дерева
жаріли піснями
цвіркуни писали
ноти в блакить

в кінці саду хистка огорожа
шмигнув ранок
у полудень крізь полин й реп'яхи
бродить в тріску будяччя
аж по Кімполунґ Радауц

там на пагорбах
називає він хмари черпає
блиск із джерела в світлі
п'янке небо світу

ПОТОЙБІЧ РІКИ

ані тареля на Седер ані
питань ніч не різниться
від ночей попередніх
ані кубка
для пророка зорі
ряхтять на морозі

ані плавнів ночей
        п'ять строф
                чорно
                        сіє голод у землю гірку
чорно
грабає голод
        п'ять строф
                із гіркої землі чорно
дає життю
потойбіч ріки
        п'ять строф
                дайену
                        світу
німа тіснина

БЕРЕЗЕНЬ

ніби знає вулиця шлях
ніби дерева спинилися
перепочити і знають куди
ніби вікна зберегли усі погляди
ніби чекає бузок яблунька
на костюми дітей
пахощ Гаманових вух

хвіртка стежка
стіни і дах так ніби це дім ще
та як були би
стіни і дах домом ще коли сади сусідські
пустка коли Гаман Другий перед дверима порвав
письмена світу

хмари й галуззя на вітрі
ніби вечір чекає
на лампу й газету
ніби жде шемріт дощу
на звіт катастрофи –
як тоді потяг у Прут
воли пошматовані на уламках у кризі
жахливе видовище
нестерпне
одна людина
тоді загинула
одна людина
канула в безвість

ЛИСТИ

З берегів таких ночей
Сарин сміх
Якова голос
зелена мати Буковина
з берегів такого смутку
пошта з Дюссельдорфу

з берегів такого смутку
Сарин сміх
Якова голос
з берегів таких сутінків
рядки з Нью-Йорку
реб Леві Їцхак в хусті й ременях
не зрушить з місця.

з берегів
shtiler shtiler
Сарин сміх
Якова голос
kvorim waksn do

з берегів
shtiler shtiler
листи з Парижу
Земля згорнулася.
Раз і двічі і тричі.
Саме, саме Воно.

з берегів таких сутінків
Сарин сміх
Якова голос
з берегів такої тиші
рядки безладною *блазенською німецькою*
листи з Гуанчжоу

з берегів такої тиші
Сарин сміх
Якова голос
з берегів таких віршів
пошта з Нагарії
Подихом Божим є море.
Та людина – думка Його.

з берегів таких віршів
голос Якова
Ісаєві сльози

з берегів такого смутку
рядки з ночі
Він стоїть перед пультом. Молитовник розкритий,
але він не мовить ні єдиного слова.

МІСТ ІЗ ПАПЕРУ

Ми чекаємо, повідай.
(Іцик Манґер)

Хто здвигне тугу знесе тяготу
винесе генізу спопелілих імен

хто пронесе непрожите життя
через міст із паперу?

Übersetzer/translator: Jurko Prochasko, Lemberg

Lothar Quinkenstein

Augusztus

Isten suttogása, a rózsák színében ...
(Stanisław Vincenz)

kezdetben egy kert
kezdetben a fák
dalokként izzottak
apró szöcskék
írták a kottát az égbe

a kert végében ferde palánk
kikelt a reggel, és átkúszott a délbe
a fekete ürmön, a bojtorjánon át
elkóborolt a zörgő bogáncsok közt
Kimpolung és Radóc felé

ott a dombokon
nevet adott a felhőknek
ragyogást merített a forrásból
a fénytől részeg mennybolt alatt

A folyón túl

nincs szédertál nincsenek
kérdések nem különbözik ez az este
az összes eddigitől
nincs pohár a prófétának
a csillagok ragyognak a fagyban

nincs Vörös tenger az éj
          öt strófa hosszan
                    fekete
éhséget vet a keserű földbe
kiássa az éhséget
          öt strófa hosszan
                    a keserű földből feketén
meghagyja az életnek
a folyón túl
          öt strófa hosszan
                    dájénu
                              a világ néma
szűkösségét.

Március

mintha ismerné az utca az utat
mintha csak megpihennének
a fák és tudnák merre mennek
mintha az ablakok megőrizték volna a szemeket
mintha a gyerekek jelmezeire
a hámántáska illatára
várna az almafa a hegedűs

a kapu az ösvény
a falak és a tető mintha ház volna még
de hogyan is lehetne
ház még a tető a falak mikor a szomszéd kertek
elvadultak mikor a második Haman letépte az ajtókról
a világ feliratát

felhők és ágak a szélben
mintha lámpára és újságra
várna az est
az eső kopogása mintha
hírekre várna a katasztrófáról –
mint amikor a vonat belezuhant a Prutba
a roncsok közt összezúzott ökrök a jégben
rémes látvány
kibírhatatlan
egy ember meghalt
egy másikat
hiába kerestek.

Levelek

olyan éjek partjairól
Sára nevetése
Jákob hangja
zöld anyácska, Bukovina
olyan gyász partjairól
levél Düsseldorból

olyan gyász partjairól
Sára nevetése
Jákob hangja
olyan alkony partjairól
sorok New Yorkból
Jichák Lévi rabbi imasálban imaszíjban
egy tapodtat sem mozdul

olyan partokról
shtiler shtiler
Sára nevetése
Jákob hangja
kvorim vaksn do

azokról a partokról
shtiler shtiler
levelek Párizsból
Meggyűrődött a föld.
Egyszer, kétszer és háromszor.
Hangosabban, hangosabban.

Olyan alkonyok partjairól
          Sára nevetése
                    Jákob hangja
olyan csönd partjairól
sorok *tarkafoltosan őrültnémetül*
levelek Kvangzsuból

olyan csönd partjairól
          Sára nevetése
                    Jákob hangja
olyan versek partjairól
posta Nahariából
          A tenger Isten lélegzete.
          De az ember a gondolata.

olyan versek partjairól
          Jákob hangja
                    Ézsau könnyei
olyan gyász partjairól
sorok az éjszakából
          Az imapult előtt áll. Az imakönyv nyitva,
          de nem jön ki belőle egyetlen hang sem.

Papírhidak

Mi várunk, mesélj
(Itzik Manger)

Ki hordja vállán a vágyat hordja a terhet
hordja a táborok elégett nevét

ki viszi át a papírhídon
a nem élt életet.

Übersetzer/translator: Gábor Schein, Budapest

NACHWORT | Vom elften Gebot: „Du sollst Dich erinnern!"

Sucht man über den Karlsruher Virtuellen Katalog Salomea Mischels Lyrikband *Spiegel eines Daseins*, erhält man in deutschen Bibliotheken kaum eine Handvoll Treffer, und der Hinweis, der sich zu einem der Exemplare findet, wirkt wie der Inbegriff einer Etikettierung, die die Präsenz des Kulturraums Bukowina in der „allgemeinen" Wahrnehmung bezeichnen wollte: „Unbestimmte Sprache".
Die Fernleihe, die ich seinerzeit in Gang gesetzt hatte, zog sich so lange hin, dass ich kaum noch damit rechnete, den Band zu Gesicht zu bekommen. Als er endlich eintraf, durfte ich ihn nur im Lesesaal nutzen, so verlor ich mich in der Charlottenburger Heinrich-Schulz-Bibliothek sowohl in den Versen als auch im Atmosphärischen des in Haifa gedruckten Buches, das mit seiner Gestaltung – dem Einband, dem Papier, dem Schriftbild – eine Singularität erkennen ließ, die von einem Gefühl der Einsamkeit nicht zu trennen war. Und während ich wieder und wieder die Gedichte las, die eine poetische Heiligung des Lebens vollziehen – *Ein Atem Gottes ist das Meer. // Aber der Mensch ist sein Gedanke* –, formten sich, gleich Eisenspänen unter den Kräften von Magneten, Gedankenfiguren, die als Erinnerungen sich entpuppten. Hermann Brochs *Verzauberung* kehrte wieder mit der scharfsichtigen Unterscheidung zwischen dem dumpfen Götzendienst, der in den Blutrausch des Mordens mündet, und der von Wissen und Einfühlung getragenen Ehrfurcht vor dem Leben. Die bohrenden Reflexionen Eugen Althagers in Jean Amérys *Die Schiffbrüchigen*, die eine allzu simpel verstandene Waldeinsamkeit ihrer sentimentalen Gewänder entkleiden, um die ordinäre Antivernunft zu entlarven. Edgar Hilsenraths *Nacht*, ein Bild der barbarischen Verheerung, die jene Antivernunft in der Welt anrichtet, wenn sie an die Macht gelangt.

*

„Ma nischtana halaila ha-seh mikol haleilot ... Warum wird diese Nacht von allen anderen Nächten unterschieden?"

So lautet die Frage in den Eingangspassagen des Seder-Ritus, die das Außergewöhnliche, das Erhebende dieses Abends vor den Pessachtagen vergegenwärtigen soll. Die vier Antworten fassen es in sinnliche Erfahrung:
Das ungesäuerte Brot (weil unter den Bedingungen des Exodus die zeitaufwendige Zubereitung des Gesäuerten nicht möglich war); die bei diesem Mahl ausschließlich bitteren Kräuter (die für die Bitternis der Zeit in Ägypten stehen); das Eintauchen dieser Kräuter in Salzwasser (das für die Tränen des Kummers steht); die besondere – angelehnte – Haltung beim Sitzen (nur freie Menschen sitzen so bei Tisch).
In dieser Passage schon ist die Struktur der ganzen Feier angelegt, die mit jeder Geste, jedem Bissen, jedem Schluck Memoria werden soll. Die „Ordnung" *(seder)* des Abends stellt eine ebenso komplexe wie subtil gestaltete Gedächtnisübung dar, bei der die Worte sich mit Sinneseindrücken verweben, damit die Bedeutungen – buchstäblich – verinnerlicht werden. Den Menschen, die sich um den Sedertisch versammeln, vermittelt diese Feier das Gefühl, sie selbst wiederholten in ihrer eigenen Gegenwart den Auszug aus der Bedrängnis, den Weg in die Freiheit.
Festgehalten ist der Ablauf des Abends in der *Haggada*, und wenn wir an dieser Stelle Melech Rawitsch folgen möchten, der in einem Essay über den Dichter und Partisan Abraham Sutzkever die Quintessenz formulierte, dass „jüdische Ethik" nichts anderes als „allgemein menschliche Ethik" sei, dürfen wir die *Haggada* als Meisterwerk der Weltliteratur bezeichnen. Ein Meisterwerk gleichwohl – das wäre im selben Atemzug hinzuzufügen –, das im Vergleich mit anderen Texten, denen wir diesen Rang zusprechen wollen, weit weniger bekannt geworden ist.
Die Abfolge der einzelnen Abschnitte – der Wechsel zwischen Erzählpassagen, die das „historische" Geschehen wiedergeben, dialogischen Reflexionen, mit denen die heute am Tisch Sitzenden unmittelbar angesprochen werden, und schließlich den Liedern, mit denen die Feiernden ihre Erinnerung als Gemeinschaft bestätigen – diese Dramaturgie ist von einer Klugheit, die wahrhaftig als unerschöpflich bezeichnet werden darf. Denn die Erkenntnis, dass Freiheit nichts Selbstverständliches ist, und dass derjenige, der sie genießt, nicht oft genug eben dies sich vor Augen führen sollte: wie groß das Geschenk ist, das ihm damit zuteil wird – diese Erkenntnis kann nicht abgeschlossen werden. Sie

ist kein Ziel, das man erreicht, um sich dann auszuruhen. Ihr Potential – wirkend in jeder Gegenwart – kann sich nur entfalten, wenn die Bedeutung stets aufs Neue vergegenwärtigt wird.
Vergegenwärtigung ist Erinnerung. So sehr es nach einer Binsenweisheit klingen mag, die damit verbundene Aufgabe ist alles andere als banal. Auch von diesen Aspekten spricht die *Haggada*, in einer Passage, die das dialogische Prinzip verwendet, um die Reflexion in Gang zu setzen: Dem „klugen", dem „böswilligen", dem „einfältigen" Kind müssen jeweils eigene Antworten gegeben werden auf ihre Fragen. Und was, so die abschließende Überlegung in diesem Abschnitt – was ist mit dem Kind, das noch nicht gelernt hat zu fragen? Ihm muss man erzählen.
Eines der Seder-Lieder – *Dayenu/„Es wäre genug gewesen"* – stellt eine besondere Form des Lobpreises dar. Eine Aufzählung von Einschränkungen, was alles schon „genug gewesen" wäre an göttlicher Fürsorge, steigert sich zu einem großen Dankeshymnus der Affirmation. Der Weg, den das Lied zeichnet, führt an den Sinai, jenen entscheidenden Ort, an dem die Freiheit mit der Ethik sich verknüpft. Die Reihenfolge der Ereignisse ist von größter Bedeutung: Erst auf der Grundlage der „Freiheit von etwas" (der Auszug aus Ägypten) kann die Verpflichtung eingegangen werden, die als Akt der „Freiheit zu etwas" zu einem selbst bestimmten Leben führt. Dass die Entscheidung, diesen Weg zu gehen, alles andere als leicht fällt, und dass der Weg selbst begleitet ist von Furcht und Zögern – nur zu verständlich. Das Murren gegen Moses – mit der Sicherheit der Fleischtöpfe vor Augen – spricht deutlich genug davon. Mit den Worten des Lyrikers Charles Reznikoff (aus dem ersten Gedicht seines Zyklus *Autobiography: New York*):

> *[...]*
> *If you wish to eat fish freely,*
> *cucumbers and melons,*
> *you should have stayed in Egypt.*

Der Empfang der Thora *nach* dem Auszug aus Ägypten – das ist die Erzählung von der von Gott gewollten Freiheit des Menschen. In den einschlägigen Passagen des Talmud wie in zahlreichen Anekdoten und Gleichnissen ist das Spannungsverhältnis beschrieben, das sich daraus ergibt. Nicht zuletzt beziehen zahlreiche jüdische Witze aus dieser Spannung ihr Erkenntnispotenzial.

„Die Thora mehr lieben als Gott" – so lautet der Titel eines Essays von Emmanuel Lévinas, der zu dem Gedanken führt, dass die Frage, ob Gott existiere oder nicht, letztlich nebensächlich sei, denn es gebe die Thora, das ethische Regelwerk, das den Menschen befähige, seine Entscheidungen auf der Grundlage moralischer Überlegungen auszurichten: „Ich nehme Himmel und Erde heute über euch zu Zeugen: ich habe euch Leben und Tod, Segen und Fluch vorgelegt, daß du das Leben erwählest [...]" (5. Mose 30, 19). Damit ist dem Menschen an die Hand gegeben, was er benötigt. Was braucht es – ja, man möchte die Frage in dieser Schlichtheit stellen – was braucht es mehr?

Von der erschütternden Konsequenz, mit der dieses Denken sich selbst unter den fürchterlichsten Umständen treu bleiben möchte, kündet einer der mächtigsten Prosatexte des 20. Jahrhunderts – Zvi Kolitz: *Jossel Rakovers Wendung zu Gott.* Das Warschauer Ghetto steht in Flammen, jenseits der Aussicht auf militärischen Erfolg kämpft der jüdische Widerstand im Namen einer Geste der Würde, und inmitten dieser Hölle hadert Jossel Rakover in verzweifeltem Glauben mit seinem Gott: „Ich habe Ihn lieb. Doch Seine Thora habe ich lieber. Selbst wenn ich mich in Ihm getäuscht hätte, Seine Thora würde ich weiter hüten."

*

Wenn wir versuchen, das Ausmaß der Verheerung im Nachdenken über diese Ethik zu erfassen, rücken uns die Verse Salomea Mischels – und mit ihnen die Welt der Bukowina – von der Peripherie des „Unbestimmten" ins Zentrum. Und dies nicht nur im Sinne geographischer Dimensionen, die ein entzerrtes Bild Europas vor der Ordnung von Jalta zeigen, sondern ebenso im Sinne einer kulturellen Topographie. Mit den Worten Milan Kunderas: „Überall fremd und überall zu Hause, aufgewachsen in einem quasi über den nationalen Streitigkeiten stehenden Geiste, waren die Juden im 20. Jahrhundert das wesentliche kosmopolitische und integrative Element Zentraleuropas, die Verdichtung seines Esprits, die Schöpfer seiner geistigen Einheit."

Nach der Verwüstung blieb vielerorts nur mehr die Leere. Die Überlebenden der Bukowina hatte das Exil über die ganze Welt verstreut: Rose Ausländer lebte in Düsseldorf, Paul Celan in Paris, Itzik Manger in London, Toronto, New York, Gedera, Salomea Mischel-Grünspan lebte in Naharija.
Ihr Gedicht, das im blühenden Baum „ein Lächeln Gottes" sieht und den Menschen als „Gottes Gedanken" versteht, hat Peter Motzan mehrfach in Erinnerung gerufen, unter anderem mit einem Beitrag, der in der *Stimme* erschien, dem „Mitteilungsblatt für die Bukowiner" (Oktober 2010, Oktober 2014). Die Redaktion der *Stimme* – die seit 2018 nur mehr digital erscheint – hat ihren Sitz in Tel Aviv, auf einer Landzunge des mitteleuropäischen Kontinents – Straße um Straße verläuft man sich dort in Erinnerungen an Dichter, Literaturkritiker, Musiker, Komponisten, Philosophen, verläuft sich zwischen Dawid Friszman, Simon Frug, Abraham Zvi Idelsohn, Chaim Nachman Bialik, Uri Gnessin, Mendele Mojcher-Sforim, Leon Pinsker, Scholem Alejchem – in einer Stunde jenseits der Zeit, wenn ein lichtes Summen in der Luft liegt wie von unsichtbaren Bienen.

*

Die Auswirkungen der Verwüstung sind deshalb so verheerend, weil die NS-Barbarei darauf aus war, nicht nur die Gegenwart, sondern auch die Zukunft zu zerstören – durch die Vernichtung der Erinnerung. Dieser *Mnemozid*, wie Christoph Münz es nennt, wirkt so fatal, weil er sich lautlos immer tiefer frisst. Wo kein Gedächtnis mehr verbleibt, wird niemand mehr wissen, niemand mehr spüren, dass etwas fehlt.
„Es gibt keine Katharsis", schrieb die polnische Literatur- und Kulturwissenschaftlerin Maria Janion, „nur ein Übermaß an Schmerz und die Empfindung eines Verlusts, der niemals und durch nichts wettgemacht werden kann." Diesen Zustand – das Wissen um unsere Welt *danach*, nach der „Wannseekonferenz", nach der „Aktion Reinhardt" – wird die Kunst nicht mehr zurückverwandeln können, doch vielleicht ist sie imstande, und sei es für Momente nur, zum Antidotum gegen den Mnemozid zu werden.
Der „mitteleuropäische Humanismus" (Claudio Magris) ist kein Hirngespinst, er ist die Quelle einer nicht versiegenden Energie, einer unerschöpflichen Inspiration. So viele Zei-

len, so viele Verse sind diesem Humanismus entsprungen, die uns messianisch berühren, indem sie uns die Augen öffnen, uns empfänglich machen für das Mysterium der Existenz. Und dass diese Welt eine unerlöste sei und dass im Moment der Erlösung alles von Grund auf *sichtbar* sich verwandeln werde – auch diese Erzählung ist nichts anderes als ein großes Poem der Weltliteratur. In jeder Zeile schon verfasst und immer noch im Werden.
Die Aufgabe, die uns als den jeweils Heutigen zufällt, klingt so einfach, wie sie in jedem Leben nur mit der Mühe eines Lebens umzusetzen ist – wir müssen uns zu Herzen nehmen, was Irit Amiel als Elftes Gebot dem Dekalog hinzugefügt hat: Wir müssen uns erinnern.

Lothar Quinkenstein (Berlin, im April 2020)

EPILOGUE | The Eleventh Commandment: "Thou Shalt Remember"

If you look for Salomea Mischel's collection of poems *Spiegel eines Daseins* in the Karlsruhe Virtual Catalogue, you will find barely a handful of hits in German bibliographies. Indeed, the note to one of the copies seems to sum up the 'general' awareness of Bukovina as a cultural sphere: "Language uncertain".

The interlibrary loan that I had ordered took so long that I scarcely expected ever to set eyes on the volume. When it finally arrived, I was only allowed to use it in the reading room, and so it was that in the Charlottenburg Heinrich Schulz Library I lost myself both in its verses and the atmosphere of this book printed in Haifa whose design – cover, binding, paper and typeface – revealed a singularity inseparable from a feeling of loneliness. And while I read over and over again the poems that perform a sanctification of life – "Ein Atem Gottes ist das Meer./Aber der Mensch ist sein Gedanke" – thoughts formed like iron filings under the pull of magnets, thoughts that turned out to be memories. Hermann Broch's *The Spell* came back to me, with its perceptive distinction between a dull idolatry culminating in the bloodlust of murder and an awe of life carried by knowledge and empathy. Eugen Althager's piercing reflections stripping the sentimental vestments from all too simple an idea of Romantic forest solitude to expose its vulgar anti-reason in Jean Améry's *The Shipwrecked*. Edgar Hilsenrath's *Night*, a picture of the barbaric devastation anti-reason triggers when it gets into power.

*

"Ma nischtana halaila ha-seh mikol haleilot ... Why is this night different from all other nights?"

This is the question asked in the introductory passages of the Seder ritual, dwelling on the extraordinary, the uplifting element of the eve of Passover. The four answers portray it as a sensory experience:

The unleavened bread (since it there was no time for acidification during the Exodus);

the use of only bitter herbs in this meal (representing the bitterness of the time in Egypt); dipping these herbs in salt water (representing the tears of sorrow); the special – leaning – posture while sitting (only people who are free sit at the table in such a fashion).
This passage establishes the structure of the entire celebration that becomes memory with every gesture, every bight, every swallow. The evening's 'order' (*seder*) represents an exercise in memory as complex as it is subtle, in which words are interwoven with sensory impressions so that their meanings are – literally – internalised. This celebration gives the people gathered around the Seder table the feeling they themselves are repeating the exodus from oppression, the path to freedom, in their own present.
The evening's procedure is preserved in the *Haggada*, and if we follow Melech Rawitsch, who in an essay on the poet and partisan Abraham Sutzkever expressed the quintessence of "Jewish ethics", which is nothing more than "universal human ethics", we may consider the *Haggada* as a masterpiece of world literature. Nevertheless, a masterpiece, it must be added in the same breath, that has attained far less renown than other texts we award that predicate.
The sequence of the individual sections – the shift between narrative passages relating the 'historical' events, dialogic reflections those sitting around the table feel addressed by directly, and finally the songs with which they confirm their memory as a community – this dramaturgy possesses a veritably inexhaustible intelligence. For the realisation that freedom is not simply a matter of course and that those who enjoy it cannot recognise often enough how great a gift has been bestowed upon them – this realisation cannot be complete. It is not a destination one reaches in order to rest. Its potential – effective in every present – can only unfold if one constantly recalls its meaning.
To recall is to remember. As much as it might sound like a truism, the task it entails is anything but banal. The *Haggada* speaks of these aspects too, in a passage that uses the dialogic principle to trigger reflection: the "clever", the "spiteful", the "simple" child must each receive an answer to their questions. And what, ask this section's final question, what about the child who has not yet learnt to ask questions? He must be told.
One of the Seder songs – *Dayenu*/"It would have been enough" – is a special song of praise. A list of limitations, of what divine care would have "been enough", swells into a

great hymn of thanks and affirmation. The path the song traces leads to Sinai, that crucial place where freedom meets ethics. The order of events is of great importance: it is only on the basis of "freedom from" (the Exodus from Egypt) that one can accept the commitment that as an act of "freedom to" leads to a self-determined life. That the decision to walk this path is anything but easy, and that the path itself is accompanied by fear and hesitation – that is only too understandable. The grumbling at Moses – with the security of the pots of meat in mind – makes that sufficiently clear. As the poet Charles Reznikoff put it (in the first poem in his *Autobiography: New York* cycle):

> *[...]*
> *If you wish to eat fish freely,*
> *cucumbers and melons,*
> *you should have stayed in Egypt.*

Receiving the Torah *after* Exodus is the story of man's freedom as willed by God. The relevant passages of the Talmud and many anecdotes and parables describe the resulting tension. Indeed, the cognitive potential of many Jewish jokes is based on this tension.
"To Love the Torah more than God" is the title of an essay by Emmanuel Lévinas culminating in the idea that the question as to whether God exists or not is ultimately irrelevant, since there is the Torah, the ethical rulebook that enables people to make their decisions on the basis of moral considerations: "I call heaven and earth to record this day against you, that I have set before you life and death, blessing and cursing: therefore choose life [...]" (Moses 5:30 (19)). All we need has thus been placed in our hands. What – the question really is this simple – what more do we need?
The staggering resoluteness with which this thinking remains true to itself is evidenced by one of the mightiest prose works of the twentieth century, Zvi Kolitz's: *Yosl Rakover Talks to God.* The Warsaw Ghetto is in flames, beyond the prospect of military success the Jewish resistance are fighting as a gesture of dignity, and in the midst of this hell, Yosl Rakover struggles in despairing faith with his God: "I love Him. But I love his Torah more, and even if I were disappointed in Him, I would still observe His Torah".

*

If we attempt to grasp the extent of the devastation in reflecting upon this ethics, the verses of Salomea Mischel – and with them the world of Bukovina – shift from the periphery of the "uncertain" to the centre. And not only in the sense of geographic dimensions that show an unviolated image of Europe *before* the order of Yalta, but also in terms of a cultural topography. In the words of Milan Kundera: "Foreign everywhere and at home everywhere, having grown up in a spirit virtually transcending national conflicts, the Jews of the twentieth century are the essential cosmopolitan and integrative element of Central Europe, the concentration of its esprit, the creators of its intellectual unity".
After the devastation, in many places only emptiness remained. Exile had scattered the survivors of Bukovina across the whole world: Rose Ausländer lived in Düsseldorf, Paul Celan in Paris, Itzik Manger in London, Toronto, New York, and Gedera, Salomea Mischel-Grünspan lived in Nahariya.
Her poem, which sees in a blossoming tree "a smile of God" and understands people as "God's thoughts", has often been a point of reference for Peter Motzan, for instance in a piece in *Die Stimme*, the "Newsletter for the Bukovinians" (October 2010, October 2014). The editorial board of *Die Stimme* – since 2018 published only online – is based in Tel Aviv, on a headland of the Central European Continent – street after street, one loses oneself in memories of poets, literary critics, musicians, composers, philosophers, between Dawid Friszman, Simon Frug, Abraham Zvi Idelsohn, Chaim Nachman Bialik, Uri Gnessin, Mendele Mocher-Sforim, Leon Pinsker, and Sholem Aleichem – in an hour beyond time, when a light buzzing lies in the air as if from invisible bees.

*

The effects of the devastation are so disastrous because the intention of Nazi barbarity was to destroy not just the present, but the future too – by annihilating memory. This *mnemocide*, as Christoph Münz calls it, is so deadly because it gnaws ever deeper. Where memory no longer remains, people will no longer know, no longer feel, that something is missing.

"There is no catharsis", wrote the Polish literary and cultural scholar Maria Janion, "just an excess of pain and the sense of loss that nothing can ever make up for". Art will never be able to transform this condition – the knowledge of our world *afterwards*, after the "Wannsee Conference", after "Operation Reinhardt" – but perhaps it is able to become the antidote to mnemocide, even if just momentarily.

"Central European humanism" (Claudio Magris) is not a figment of the imagination, it is the source of boundless energy, unfailing inspiration. So many lines, so many verses have burst forth from this humanism that touch us messianically by opening our eyes, by making us receptive to the mysteries of existence. And that this world is unredeemed and that in the moment of redemption the change in everything will be fundamentally *visible* – this narrative too is nothing other than a great poem of world literature. Its every line already written and still in a state of becoming.

The task that falls to us in our respective todays sounds so simple and yet in every life it can only be achieved with great difficulty – we must take to heart what Irit Amiel added to the Decalogue as an Eleventh Commandment: we must remember.

Lothar Quinkenstein (Berlin, April 2020)

Translation: John Heath

AUTOR

Lothar Quinkenstein ist Schriftsteller und Übersetzer aus dem Polnischen. Als Mitarbeiter der Adam Mickiewicz-Universität in Poznań/Posen, Polen, unterrichtet er Interkulturelle Germanistik am Collegium Polonicum in Słubice. Gemeinsam mit Lisa Palmes übersetzte er Olga Tokarczuks Opus Magnum *Die Jakobsbücher* (2019). Zuletzt veröffentlichte er den Roman *Souterrain* (2019) und die Erzählung *Wiesenzeit* (2020). 2017 wurde sein Gedichtzyklus *Die Brücke aus Papier* von einer Fachjury mit dem *Spiegelungen*-Preis für Lyrik 2017 ausgezeichnet.

HERAUSGEBER

Florian Kührer-Wielach, geboren in Horn/Niederösterreich, ist Historiker und Herausgeber der Zeitschrift *Spiegelungen*. Seit 2015 leitet er das Institut für deutsche Kultur und Geschichte Südosteuropas an der LMU München.

ÜBERSETZER

Mark Bielorusets ist Herausgeber und Übersetzer aus dem Deutschen und dem Ukrainischen. In seinen Übersetzungen sind unter anderen die Werke von Paul Celan, Herta Müller, Jan Wagner, Dragica Rajcic, Esther Kinsky und Oleg Lysheha erschienen. Er lebt und arbeitet als freier Übersetzer in Kiew.

Armenuhi Drost-Abgarjan lehrt und forscht als Professorin für Armenische Studien an der Martin-Luther-Universität Halle-Wittenberg. Ihre Schwerpunkte liegen auf komparativen Studien der armenischen Kultur und Literatur im Kontext der Wissenschaft für Sprachen und Kulturen des Christlichen Orients sowie auf der Übersetzung aus dem klassischen und dem modernen Armenischen ins Deutsche.

Yanara Friedland, geboren in Berlin, ist eine deutsch-amerikanische Schriftstellerin. Ihr erstes Buch *Uncountry: A Mythology* wurde 2015 mit dem Noemi Press Fiction Award ausgezeichnet und wird in deutscher Übersetzung bei Matthes & Seitz erscheinen. Yanara Friedland ist Dozentin am Fairhaven College of Interdisciplinary Studies der Western Washington University.

Nora Iuga, geboren in Bukarest, ist eine rumänische Dichterin und Übersetzerin. 1968 erschien ihr erster Gedichtband, später begann sie, deutsche Schriften ins Rumänische zu übersetzen, darunter Werke von Günter Grass, Elfriede Jelinek, Herta Müller und Oskar Pastior. Sie wurde 2017 mit dem Sonderpreis der Jury des *Spiegelungen*-Preises für Lyrik 2017 für ihr Lebenswerk ausgezeichnet.

Jurko Prochasko, geboren in Iwano-Frankiwsk, Ukrainische SSR, ist ein ukrainischer Essayist, Germanist, Schriftsteller und Übersetzer. Er ist als Literaturwissenschaftler am Institut für Literaturforschung der Ukrainischen Akademie der Wissenschaften in Lwiw/Lemberg, Ukraine, tätig und übersetzte u. a. Werke von Franz Kafka, Robert Musil, Katja Petrowskaja, Josef Roth und Ingo Schulze ins Ukrainische.

Anna Rozenfeld ist Übersetzerin von Gedichten verschiedener Sprachen, unter anderem Jiddisch, Polnisch und Deutsch. Sie ist Malerin und Schauspielerin, Sprachlehrerin für Jiddisch und forscht zur jüdischen Geschichte, Sprache und Kultur. Sie fungiert als professionelle Sprecherin für Jiddisch im polnischen Radio und am Jüdischen Theater in Warschau.

Rick Sahar, als Sohn von Holocaustüberlebenden in Detroit geboren, lebte über ein Jahrzehnt in einem israelischen Kibbuz, bevor er 1981 nach Neuseeland ging, wo er als Profi-Entertainer zu arbeiten begann. Er unterrichtet Hebräisch und widmet sich literarischer Forschungs- und Übersetzungsarbeit an der Victoria University of Wellington.

Gábor Schein, geboren 1969 in Budapest, ist Dichter, Autor, Kritiker und Übersetzer deutscher Lyrik. Er ist Dozent für Ungarische Literatur an der Eötvös-Lóránd-Universität in Budapest. Seinem ersten veröffentlichten Gedichtband 1991 *Szavak emlékezete (Das Gedächtnis der Wörter)* folgten acht weitere und mehrere Romane.

Ruždija Russo Sejdović stammt aus Montenegro und wirkt seit 1988 in Deutschland als Schriftsteller. Er ist Mitbegründer des Rom e. V. Köln und im Rahmen verschiedener Kulturprojekte tätig, die sich mit der Literatur und dem kulturellen Erbe der Roma befassen. Er schreibt auf Romanes, veröffentlichte mehrere Lyrikbände, Dramen und Kurzprosa.

TITELBILD

Sieglinde Bottesch, geboren in Hermannstadt/Sibiu, Rumänien, ist eine deutsche Malerin, Grafikerin und Objektkünstlerin. Hauptgebiete ihres Schaffens sind Handzeichnungen, Malerei, Objekte und Druckgrafik. Sie lebt und wirkt seit ihrer Ausreise aus Rumänien in Ingolstadt.

AUTHOR

Lothar Quinkenstein is a writer and translator from Polish. As a staff member of the Adam Mickiewicz University in Poznań/Posen, Poland, he teaches Intercultural German Studies at the Collegium Polonicum in Słubice. Together with Lisa Palmes he translated Olga Tokarczuk's magnum opus *The Books of St. Jacob* (2019). Most recently, he published the novel *Souterrain* (2019) and the short story *Wiesenzeit* (2020). In 2017, his cycle of poems *Die Brücke aus Papier* was awarded the 2017 *Spiegelungen* Prize for Poetry by a jury of experts.

EDITOR

Florian Kührer-Wielach, born in Horn/Lower Austria, is a historian and editor of the journal *Spiegelungen*. Since 2015 he has been the director of the Institute for German Culture and History of Southeastern Europe at LMU Munich.

TRANSLATORS

Mark Bielorusets is an editor and translator from German and Ukrainian. His translations include the works of Paul Celan, Herta Müller, Jan Wagner, Dragica Rajcic, Esther Kinsky, and Oleg Lysheha. He lives and works as a freelance translator in Kiev.

Armenuhi Drost-Abgarjan teaches and researches as a professor of Armenian Studies at the Martin Luther University of Halle-Wittenberg. Her main focus is comparative studies of Armenian culture and literature in the context of scholarship on languages and cultures of the Christian Orient and translation from classical and modern Armenian into German.

Yanara Friedland is a writer and translator born in Berlin. Her first book, *Uncountry: A Mythology*, was the winner of the 2015 Noemi Press Fiction award and is forthcoming in German translation with Matthes & Seitz. Yanara Friedland is Assistant Professor at Fairhaven College of Interdisciplinary Studies.

Nora Iuga, born in Bucharest, is a Romanian poet and translator. Her first book of poetry appeared in 1968, and later she began translating German writings into Romanian, including works by Günter Grass, Elfriede Jelinek, Herta Müller, and Oskar Pastior. She was awarded the Special Jury Prize of the 2017 *Spiegelungen* Prize for Poetry for her life's work.

Jurko Prochasko, born in Ivano-Frankivsk, Ukrainian SSR, is a Ukrainian essayist, Germanist, writer, and translator. He works as a literary scholar at the Institute for Literary Research of the Ukrainian Academy of Sciences in Lemberg/Lviv, Ukraine, and has translated works by Franz Kafka, Robert Musil, Katja Petrovskaya, Josef Roth, and Ingo Schulze and others into Ukrainian.

Anna Rozenfeld is a translator of poems in various languages, including Yiddish, Polish, and German. She is a painter and actress, a Yiddish language teacher, and researches on Jewish history, language, and culture. She acts as a professional Yiddish speaker on Polish radio and at the Jewish Theater in Warsaw.

Rick Sahar, born in Detroit as the son of Holocaust survivors, lived on an Israeli kibbutz for over a decade before moving to New Zealand in 1981, where he began working as a professional entertainer. He teaches Hebrew at Victoria University of Wellington and is dedicated to literary research and translation.

Gábor Schein, born 1969 in Budapest, is a poet, author, critic, and translator of German poetry. He is a lecturer in Hungarian literature at the Eötvös Lóránd University in Budapest. His first collection of poems, *Szavak emlékezete (The Memory of Words)*, published in 1991, has been followed by eight others and several novels.

Ruždija Russo Sejdović comes from Montenegro and has worked in Germany as a writer since 1988. He is a co-founder of the Rom e. V. in Cologne and is involved in various cultural projects dealing with the literature and cultural heritage of the Roma. He writes on novels and has published several volumes of poetry, drama, and short prose.

COVER PICTURE

Sieglinde Bottesch, born in Hermannstadt/Sibiu, Romania, is a German painter and graphic and object artist. Her main areas of work are hand drawings, painting, objects, and prints. She has lived and worked in Ingolstadt since leaving Romania.

Wir danken/Acknowledgements:

Asymptote Journal

Andrei Corbea-Hoișie

danube books Verlag, Ulm

John Heath

Oxana Matiychuk

Orientalisches Institut, Seminar für Christlichen Orient und Byzanz,
Martin-Luther-Universität Halle-Wittenberg

Johannes Preiser-Kapeller

Rom e.V. Köln

Kurt Scharr

Spiegelungen-Redaktion und IKGS-Team

Monica Tempian

Gefördert durch:

Bayerisches Staatsministerium für
Arbeit und Soziales, Familie und Integration

//Zukunftsministerium
Was Menschen berührt.

LYRIKREIHE edition textfluss

Sophie Reyer
Silberstrom bin ich,
ISBN 978-3-946046-23-3
(Februar 2021)

Admiral Mahić
Flirrende Visionen/Lepršava priviđenja.
(deutsch/bosnisch).
ISBN 978-3-946046-16-5

Bogdan Coşa (Hg.)
Die Spitzenelf/Primul unsprezece.
(rumänisch/deutsch).
ISBN 978-3-946046-11-0

Mila Haugová
Langsame Bogenschützin/Pomalá lukostrelkyňa.
(deutsch/slowakisch).
ISBN 978-3-946046-09-7

Ilse Hehn
Sandhimmel.
Lyrik & Übermalungen.
ISBN 978-3-946046-06-6